Inhalt

Gesprengte Ketten - Supply Chains und die Angst vor Cyber-Piraten, Naturkatastrophen und Politikkrisen

Kernthesen

Beitrag

Fallbeispiele

Weiterführende Literatur

Impressum

Gesprengte Ketten - Supply Chains und die Angst vor Cyber-Piraten, Naturkatastrophen und Politikkrisen

Harald Reil

Kernthesen

- Supply Chains (SC) sind fragile Gebilde. Werden sie unterbrochen, kommt es zu gewaltigen wirtschaftlichen Erschütterungen.
- Viele Unternehmen vertrauen daher auf ein Sicherheitsnetz. Mit einer Dual- oder Multi-Sourcing-Strategie versuchen sie, sich gegen

den "worst case" zu wappnen.
- Firmen können sich gegen Lieferkettenausfälle mittlerweile auch versichern. Allerdings gibt es Haken. Einer davon: Die Kosten für die Policen sind extrem hoch.
- Das Nationale Cyber-Abwehrzentrum (NCAZ) ist auch für Logistiker interessant. Noch ist allerdings nicht klar, wie eine Zusammenarbeit aussehen könnte.

Beitrag

90 Prozent des globalen Handels werden über weniger als 40 Knotenpunkte abgewickelt

Die globalisierte Wirtschaft hat ein enges Geflecht von Abhängigkeiten ins Leben gerufen. Großkonzerne beziehen die einzelnen Komponenten für ihre Produkte aus einer ganzen Reihe von Ländern. Für Logistiker, die für die reibungslose Funktion der Supply Chain verantwortlich sind, ist diese Aufgabe schon in normalen Zeiten eine Herausforderung. Was aber passiert, wenn Cyber-Piraten die Lieferkette attackieren? Wenn politische Krisen oder

Naturkatastrophen sie bedrohen? Dann kann die fragile SC mit einem Ruck gesprengt werden. Dass diese Gefahren nicht aus der Luft gegriffen sind, lässt sich mit ein paar Fakten leicht belegen. Rund 90 Prozent des globalen Handelsverkehrs werden über nicht einmal 40 Knotenpunkte abgewickelt - auf Englisch auch kurz und bündig "Hubs" genannt. 15 Prozent des weltweiten Container- und Luftfrachtverkehrs laufen allein über Hongkong-Shenzhen. Sollte dieser oder ein anderer der rund 40 Hubs einmal ausfallen, sind die wirtschaftlichen Erschütterungen rund um den Globus zu spüren. Viele Unternehmen versuchen daher ihre Lieferketten abzusichern - zum Beispiel mit Dual-Sourcing- oder Multi-Sourcing-Strategien. [(1)](), [(2)]()

Plan B: Dual oder Multi Sourcing

Im Grunde bedeutet Dual oder Multi Sourcing nichts anderes als die Möglichkeit eines Unternehmens, im Notfall auf die Kapazitäten von zwei oder mehreren Fabriken beziehungsweise auf die Dienste von zwei oder mehreren Lieferpartnern zurückzugreifen. Zahlreiche Firmen, die international agieren, setzen bereits auf diese Strategie. Und das aus gutem Grund: Denn traut man den Experten, werden in Zukunft Übergriffe auf Supply Chains eher zu- als abnehmen. Nur auf die Sourcing-Praxis zu vertrauen, scheint manchen Firmen daher nicht genug. Um Totalausfälle bei Lieferengpässe zu vermeiden, setzen sie wieder vermehrt auf zusätzliche Lagerhaltung. (3), (5)

Nationales Cyber-Abwehrzentrum: Hilfe im Kampf gegen Supply Chains

Hilfe im Kampf gegen den Ausfall von Supply Chains erwarten sich Unternehmen in Zukunft auch vom neugegründeten Nationalen Cyber-Abwehrzentrum, das seit April letzten Jahres seinen Dienst in Bonn aufgenommen hat. Seine Hauptaufgabe ist der Schutz von sensiblen Infrastrukturen, worunter auch Transport und Verkehr fallen. Dass diese Einrichtung durchaus ihre Daseinsberechtigung hat, lässt sich an ein paar Zahlen leicht festmachen. Pro Tag werden rund 60 000 neue Schadprogramme und 200 000 infizierte Websites entdeckt. Vor Malware-Angriffen sind trotz aller Sicherheitsmaßnahmen auch Lieferketten nicht gefeit. Die Verantwortlichen fürchten Systemausfälle, Störungen bei Tourenplanung und Disposition sowie Zusammenbrüche von Lagerverwaltungssystemen. Logistik-Fachleute erhoffen sich vom NCAZ daher zusätzlichen Schutz. Noch ist allerdings nicht ganz klar, wie die Kooperation aussehen könnte. (2)

Unternehmen können sich gegen den Ausfall der Lieferkette mittlerweile auch versichern

Unternehmen können sich gegen die Unterbrechung von Lieferketten seit kurzem auch versichern lassen. Einer der Vorreiter auf diesem Gebiet ist die Zürich Versicherung, die ihre Dienste nach England (seit 2009) jetzt auch in Deutschland anbietet. Ausgeschlossen vom SC-Schutz sind allerdings Vorsatz, schlechte Qualität, der Rückruf von Produkten, Betrug, Krieg, Terrorismus, nukleare Bedrohungen und Pandemien. Noch ein Haken: Die Police ist nicht gerade billig. Firmen, die ihre Supply Chain zum Beispiel mit 20 Millionen Euro schützen wollen, müssen dafür drei bis vier Prozent der Deckungssumme hinblättern. Das sind immerhin 600 000 beziehungsweise 800 000 Euro - also alles andere als ein Pappenstiel. Weitere Voraussetzungen: Die Lieferanten sind im Voraus zu benennen; außerdem muss das Unternehmen seine gesamte Lieferkette offenlegen - ein Aufruf zur Transparenz, der nicht jedem Firmenchef gefallen dürfte. Dennoch scheint die neue Versicherungsoption besonders für international agierende Mittelständler attraktiv zu sein. Der Grund: Anders als Konzerne können sie einen hohen Schaden nicht so einfach wegstecken. Dass es jedenfalls einen Markt für die SC-Versicherung gibt, zeigt folgende Tatsache: Außer der Zürich Versicherung wollen in Zukunft auch andere Anbieter mit ähnlichen Produkten auf Kundenfang gehen. (6)

Trends

Cyber-Attacken auf Supply Chains werden zunehmen

PricewaterhouseCoopers und das Supply Chain Management Institut (SMI) an der Wiesbadener EBS Business School haben die Ergebnisse einer Studie veröffentlicht, die nichts Gutes für die Zukunft erwarten lassen. Fachleute aus Industrie, Forschung und Politik gehen davon aus, dass in Zukunft die Attacken auf Supply Chains zunehmen werden. Die Experten vermuten außerdem, dass die Angriffe von Cyber-Piraten im Vergleich mit Attacken, bei denen physische Gewalt im Spiel ist, deutlich die Oberhand gewinnen werden. (1), (7)

Fallbeispiele

Piraten machen Golf von Aden und den Suez-Kanal unsicher

Klaus-Dieter Ruske, der den Geschäftsbereich Transport und Logistik der Wirtschafts- und Beratungsgesellschaft PricewaterhouseCoopers (PwC) verantwortet, macht an einem Beispiel fest, welche Auswirkungen ein schwaches Glied in der Supply Chain auf ein einzelnes Land haben kann. Ägypten muss Jahr für Jahr über 640 Millionen US-Dollar in den Wind schreiben, weil viele Reeder einen weiten Bogen um den Golf von Aden und den Suez-Kanal machen. Der Grund für das Misstrauen ist allerdings nachvollziehbar: Die Passage gilt aufgrund regelmäßiger Piratenüberfälle als äußerst unsicher. (1)

Opnext verlagert einen Teil seiner Produktion und verpflichtet einen weiteren Hersteller

Opnext, einer der Weltmarktführer für optische Hochleistungsnetzkomponenten, hat sich unter dem

Eindruck der Flutkatastrophe in Thailand vom Oktober letzten Jahres entschlossen, einen Teil seiner Produktion nach Totsuka in Japan sowie ins kalifornische Fremont zu verlagern. Der Konzern will außerdem einen zusätzlichen Hersteller verpflichten. Opnext erwartet, dass die Überschwemmungen, die die Produktionsanlagen von Fabrinet, seinem wichtigsten Zulieferer lahmgelegt haben, massive Folgen haben werden. Der Konzern befürchtet einen substanziellen Einbruch im Ergebnis für das laufende Geschäftsjahr und weist vorsorglich darauf hin, dass er Probleme haben wird, Lieferfristen einzuhalten. (4)

Die Woodward SEG kann dank Multi Sourcing Lieferengpässe locker wegstecken

Die Woodward SEG mit Sitz im nordrheinwestfälischen Kempen ist ein Musterbeispiel dafür, wie sich dank einer Multi-Sourcing-Strategie unvorhergesehene Lieferengpässe locker wegstecken lassen. Das Unternehmen, das sich auf Steuerungssysteme für Energieerzeuger spezialisiert hat, hat Zulieferpartner in Deutschland, Frankreich und Japan. Seine Produktionsbetriebe verteilen sich auf vier Standorte in vier unterschiedlichen Ländern - Deutschland, USA,

China und Polen. (5)

Renesas Electronics Europe setzt auf zusätzliche Lagerhaltung

Dr. Ulrich Giese von Renesas Electronics Europe, weltweit einer der größten Halbleiterhersteller, vertraut nicht allein auf die Sourcing-Kette. Ganz abgesehen davon, so sein Argument, dass eine Fabrik, die weniger als 90 Prozent ausgelastet sei, bereits Verluste einfahre, die Sourcing-Praxis alleine könne bei Totalausfällen Lieferengpässe unmöglich ausgleichen. Giese empfiehlt daher eine zusätzliche Lagerhaltung. (3)

Weiterführende Literatur

(1) Logistikbranche im Visier von Hackern & Piraten
aus "medianet" Nr. 1489/11 vom 15.07.2011 Seite: 44

(2) Cyber-Bedrohung wurmt Logistiker
aus DVZ, Nr. 96 vom 11.08.2011

(3) Dual-Sourcing darf aber nicht allein stehen Dual-Sourcing ist ein absolutes Muss
aus Markt & Technik, Heft 51-52/2011, S. 31

(4) Thailand - Opnext shifts production after Thai

flooding
aus Markt & Technik, Heft 51-52/2011, S. 31

(5) Auf jeden Notfall vorbereitet?
aus IHK-Magazin - Wirtschaftsnachrichten der IHK Mittlerer Niederrhein Nr. 5 vom 15.05.2011 Seite 22

(6) Ganz schön viel Asche LIEFERKETTENSCHUTZ Kommt die Sendung eines Zulieferers nicht an, kann das die ganze Produktion lahmlegen. Dagegen können Unternehmen sich jetzt absichern. Doch die Policen sind extrem teuer
aus impulse vom 22.12.2011, Seite 102-103

(7) Supply Chain Management Logistiker fürchten Hacker
aus www.maschinenmarkt.de vom 21.06.2011

Impressum

Gesprengte Ketten - Supply Chains und die Angst vor Cyber-Piraten, Naturkatastrophen und Politikkrisen

Bibliografische Information der deutschen Nationalbibliothek

Die Deutsche Nationalbibliothek verzeichnet diese Publikation in der deutschen Nationalbibliografie; detaillierte bibliografische Daten sind im Internet über http://dnb.d-nb.de abrufbar.

ISBN: 978-3-7379-1126-9

© 2015 GBI-Genios Deutsche Wirtschaftsdatenbank GmbH, Freischützstraße 96, 81927 München, www.genios.de

Alle Rechte vorbehalten. Dieses Werk ist einschließlich aller seiner Teile – z.B. Texte, Tabellen und Grafiken - urheberrechtlich geschützt. Jede Verwertung außerhalb der Grenzen des Urheberrechtsgesetzes bedarf der vorherigen Zustimmung des Verlags. Dies gilt insbesondere auch für auszugsweise Nachdrucke, fotomechanische Vervielfältigungen (Fotokopie/Mikroskopie), Übersetzungen, Auswertungen durch Datenbanken oder ähnliche Einrichtungen und die Einspeicherung und Verarbeitung in elektronischen Systemen.